MISIONES DE CALIFORNIA

Descubriendo la Misión de La Purísima Concepción

ZACHARY ANDERSON

TRADUCIDO POR CHRISTINA GREEN

Cavendish Square
New York

Published in 2016 by Cavendish Square Publishing, LLC
243 5th Avenue, Suite 136, New York, NY 10016

First Edition

CPSIA Compliance Information: Batch #WS14CSQ

All websites were available and accurate when this book was sent to press.

Library of Congress Cataloging-in-Publication Data

Anderson, Zachary.
La Misión de La Purísima Concepción / Zachary Anderson, translated by Christina Green.
pages cm. — (Las misiones de California)
Includes index.
ISBN 978-1-5026-1155-0 (hardcover) ISBN 978-1-5026-1165-9 (paperback) ISBN 978-1-5026-1145-1 (ebook)
1. Mission La Purísima Concepción (Calif.)—History—Juvenile literature. 2. Spanish mission buildings—California—Lompoc Region—History—Juvenile literature. 3. Franciscans—California—Lompoc Region—History—Juvenile literature. 4. Chumash Indians—Missions—California—Lompoc Region—History—Juvenile literature. 5. California—History—To 1846—Juvenile literature. I. Title.

F869.M65A54 2014
979.4'91—dc23

Editorial Director, Spanish: Nathalie Beullens-Maoui
Translator: Christina Green
Editor, Spanish: Ana María García
Art Director: Jeffrey Talbot
Designer: Douglas Brooks
Photo Researcher: J8 Media
Production Manager: Jennifer Ryder-Talbot
Production Editor: David McNamara

The photographs in this book are used by permission and through the courtesy of: Cover photo by Jsweida/File:La Purisima Mission - Lompoc, CA.jpg/Wikimedia Commons; Jeff Hunter/Photographer's Choice RF/Getty Images, 1; © Michael Freeman/Alamy, 4; Master of Saldana/The Bridgeman Art Library/Getty Images, 6; Library of Congress Prints and Photographs Division, 8–9; Courtesy of UC Berkeley, Bancroft Library, 10; © 2014 Pentacle Press, 12; Nheyob/File:Mission San Carlos Borromeo de Carmelo (Carmel, CA) - exterior, front courtyard, Blessed Junipero Serra.jpg/Wikimedia Commons, 13; © Pentacle Press, 15; Courtesy of UC Berkeley, Bancroft Library, 16; ORLANDO SIERRA/AFP/Getty Images, 17; © Oldtime/Alamy, 18; Library of Congress Prints and Photographs Division, 21; © Karin Hildebrand Lau/Alamy, 25; Courtesy of UC Berkeley, Bancroft Library, 27; © North Wind/North Wind Picture Archives, 31; © Pentacle Press, 33; Walter Bibikow/Lonely Planet Images/Getty Images, 34; Jsweida/File:La Purisima Mission - Lompoc, CA.jpg/Wikimedia Commons, 41.

Printed in the United States of America

MISIONES DE CALIFORNIA

Contenido

La Misión de La Purísima Concepción se diferencia de cualquier otra misión de California por su formación.

1
Explorando un Nuevo Mundo

La hermosa autopista de California, *El Camino Real,* está salpicada con veintiuna estructuras muy antiguas que tienen una importancia especial en la historia del estado: las misiones. Cada uno de estos sitios históricos tiene su propio e increíble relato de cómo surgió. La Misión de La Purísima Concepción, conocida como la *Misión Lineal* por su complejo de estructuras en línea recta, fue la fundada en el undécimo lugar. Al igual que las otras misiones, su pasado está lleno de creencias firmes, trabajo duro y sufrimiento.

LLEGADA DE LOS ESPAÑOLES

Al final del siglo XV y principios del siglo XVI, muchos países europeos buscaban nuevas tierras al otro lado de los mares. España fue uno de los imperios más exitosos durante estos tiempos. En 1492, el rey y la reina de España enviaron al explorador italiano Cristóbal Colón a cruzar el mar con dirección al oeste para que buscara la ruta comercial a Asia. Sin embargo, Colón regresó en 1493 con riquezas, joyas y cautivos que no se habían hallado en Asia, sino en lo que posteriormente se conoció como el ***Nuevo Mundo***. Sus relatos sobre lo que había más allá de los mares animó a otros exploradores a seguir sus pasos.

En 1519, un **conquistador** llamado Hernán Cortés llegó a lo que ahora se conoce como *México*. Él y sus hombres conquistaron

Exploradores como Hernán Cortés fueron al Nuevo Mundo en busca de tesoros, rutas comerciales y tierras.

el Imperio azteca que allí dominaba en 1521 y le dieron un nuevo nombre a esas tierras: *Nueva España*, con lo cual se extendió oficialmente el reino de España al otro lado del océano Atlántico.

En 1541, el explorador Juan Rodríguez Cabrillo navegó a la costa occidental de Nueva España, donde halló más nativos y muchas tierras, incluyendo el puerto de San Miguel, pero no encontró riquezas ni joyas. Aunque Cabrillo murió durante su viaje, su tripulación continuó y sus mapas guiarían a otros exploradores durante décadas.

En 1602, Sebastián Vizcaíno siguió los mapas de Cabrillo y reivindicó para España los puertos de San Miguel (que luego se llamó *San Diego*) y Monterrey. No obstante, cuando regresó también sin las riquezas que Colón y Cortés habían hallado, España decidió detener la exploración en esa parte del mundo. Hasta 1767, el país no retomó su interés en las tierras de esa zona.

ESPAÑA LO INTENTA DE NUEVO

Cuando el Rey Carlos III de España se enteró de que Gran Bretaña y Rusia estaban explorando el área de California a mediados del siglo XVIII, designó a Gaspar de Portolá gobernador de Alta California para defender el derecho que tenía España sobre la misma. En 1769, le ordenaron a Portolá establecer asentamientos en Alta California, una empresa que tomaría años de esfuerzo a los soldados y **frailes franciscanos** (llamados *fray*) que dedicarían sus vidas a tal tarea.

2
Los *chumash*

Cuando los españoles llegaron a *Alta* California, fueron recibidos por **grupos de indígenas** que habían vivido allí durante generaciones. Estos grupos, o tribus, habitaban en comunidades de aldeas, cada una de las cuales estaba dirigida por un líder llamado *jefe*. Cada una hablaba su propio idioma o dialecto de un idioma y tenía sus propias costumbres, creencias y tradiciones. La tribu nativa que más se relacionaba con la Misión de La Purísima Concepción era la de los *chumash*.

VIDA DE LOS CHUMASH

Los *chumash* se asentaban a lo largo de la costa de California, desde las Montañas de Santa Mónica hasta el actual San Luis Obispo. Se cree que esta tribu, que tenía más de veinte mil miembros en varias aldeas a la llegada de los españoles, ha habitado allí durante miles de años.

Los *chumash* vivían como muchas de las otras tribus de California. Los hombres y los jóvenes cazaban y pescaban para alimentarse, mientras que las mujeres y las muchachas recolectaban frutas silvestres, frutas secas y vegetales para almacenar y comer. Debido a que existía una abundancia natural de alimentos, no sembraban ni cultivaban ningún producto.

Cada aldea consistía en casas de familia, una edificación para ceremonias religiosas y un *temescal*. Las casas eran grandes chozas con forma de domo cubiertas con techos de caña y varas y, algunas veces, huesos de ballena. Una casa podía albergar a cincuenta individuos.

Cada aldea *chumash* tenía también un *chamán,* líder religioso y médico, que curaba a los enfermos y daba consejos. Los chamanes también eran astrónomos, que creaban mapas de los cielos, que eran consultados cada vez que surgían problemas y ayudaban a los chamanes a tomar decisiones importantes para las personas y las comunidades.

¿QUÉ HACÍA ÚNICOS A LOS CHUMASH?

Varias cosas distinguían a los *chumash* de la mayoría de las otras tribus de California. La más importante de estas diferencias era su capacidad para navegar por el océano en botes llamados *tomoles.* A diferencia de las canoas de otras comunidades nativas, los tomoles eran grandes botes tallados cuidadosamente que medían entre 12 pies y 24 pies

(3.7 metros y 7.3 metros) de largo. Los troncos se partían y se les daba forma de tablones, para luego hacerles orificios, los cuales se unían con cuerdas de fibra de algodoncillo rojo. Cualquier separación que hubiese entre los tablones o los orificios se sellaba con alquitrán derretido que era traído por la corriente de la playa. Con frecuencia los tomoles se pintaban de rojo y decoraban con conchas marinas. Los remos de doble pala, similares a los que se usan en un kayak, los impulsaban a través de las olas.

Los *chumash* también eran conocidos por ser excelentes tejedores. Fabricaban cestas, tazones, bandejas y sombreros de tallos de junco enrollado o **tule** partido. Se aprovechaban los diferentes colores de los materiales naturales para fabricar estas cestas con hermosos diseños, que estaban recubiertas internamente con una sustancia que las impermeabilizaba.

Podían hervir agua o sopas al colocar dentro de ellas rocas calientes.

Los *chumash* eran expertos fabricantes de botes y cestas, y pescadores.

Han sobrevivido cuatrocientas cestas auténticas *chumash*, lo que incluye la amplia colección que se encuentra en el Museo de Historia Natural de Santa Bárbara.

Esta tribu también dejó pinturas en carbón y a color en paredes de cuevas. Creían que la tierra era un regalo de su creador y si ellos respetaban la naturaleza y trataban la tierra con cuidado, esta les proporcionaría todo lo que necesitaban.

Muchos *chumash* decoraban sus cuerpos con tocados y pintura.

VESTIMENTA DE LOS CHUMASH

Los hombres y las mujeres usaban vestimentas diferentes de acuerdo con el clima. En los meses más calurosos, los hombres y los jóvenes vestían poca ropa o estaban desnudos, mientras que las mujeres y las chicas usaban faldas hechas de piel de venado o algún otro animal. En temperaturas más bajas, los hombres utilizaban capas, mientras las mujeres vestían pieles de animales que cubrían todos sus cuerpos. Tanto los hombres como las mujeres perforaban sus orejas y llevaban el cabello largo.

No obstante, el estilo de vida de los *chumash* cambió totalmente con la llegada de los españoles.

3
El sistema de misiones

Cuando España envió a Gaspar de Portolá y su expedición a Alta California en 1769, ya había un sistema de misiones en *Baja* California. Los jesuitas habían fundado y manejado diecisiete misiones durante décadas de dominio español en esa zona, pero, en 1767, les pidieron que salieran de las misiones y los franciscanos ocuparon sus puestos.

ENSEÑANDO A LOS NATIVOS

El objetivo del Gobierno español era que los frailes en Alta California **convirtieran** a los nativos americanos en ciudadanos españoles, mientras que los soldados debían construir *presidios,* o fuertes, para defender las tierras y las comunidades de las misiones. Los españoles pensaban que esto sería más sencillo que enviar pobladores a territorio desconocido para formar asentamientos. Además, España podría tener una mejor defensa frente a cualquier país que pretendiera reivindicar las tierras de California si enseñaba a los nativos las tradiciones, el idioma y las creencias españolas.

Los curas franciscanos consideraban a los nativos «incivilizados» porque rendían culto a diferentes dioses, tenían un tipo de educación y técnicas de recolección de alimentos propios y vestían de forma diferente. Como misioneros, los curas consideraban que era su deber religioso convertir las comunidades nativas al cristianismo para asegurarse de que irían al cielo.

INICIO DEL SISTEMA DE MISIONES

Para iniciar una misión, los frailes debían obtener primero permiso del virrey de España. A continuación, se enviaba a un grupo de frailes y soldados a buscar el terreno perfecto. Había muchas cosas importantes a tener en cuenta cuando se buscaba un lugar para construir una misión. Se consideraba que el sitio ideal para establecer una misión próspera era un terreno de gran extensión que no estuviese habitado por una tribu nativa y que contase con agua dulce, suelos fértiles y zonas boscosas.

Cuando los frailes encontraban un lugar que satisfacía sus necesidades, colocaban una gran cruz en donde finalmente se construiría la iglesia y se lo dedicaban a Dios y a España.

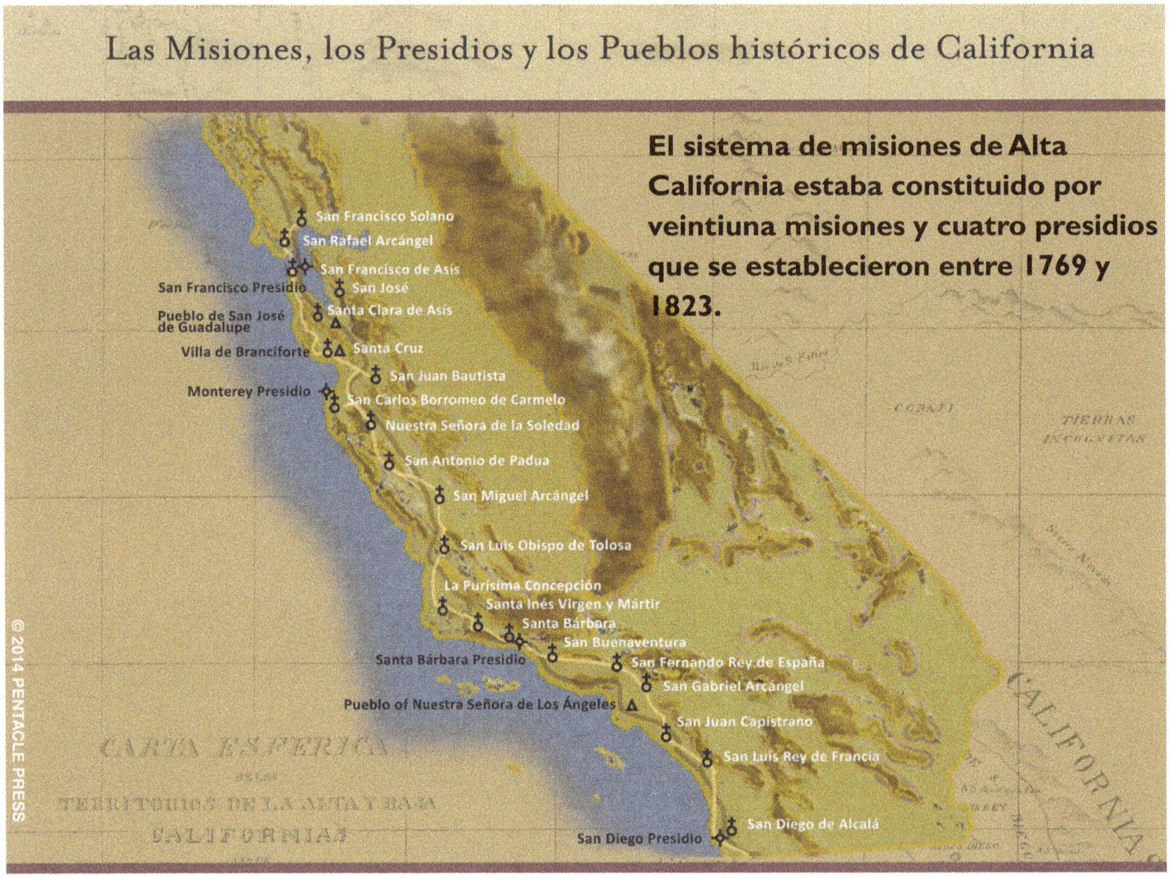

Fray Junípero Serra fue el primer líder de las misiones de Alta California.

JUNÍPERO SERRA

Uno de los frailes que viajó con Portolá en 1769 fue Junípero Serra. Había llegado a Nueva España desde España y había convertido exitosamente a muchos nativos en Baja California. Fue escogido como el primer presidente de las misiones de California y supervisaría aquellas que España fundara en Alta California. Junípero Serra fundó la primera misión de Alta California, San Diego de Alcalá, durante la expedición que realizó con Portolá, y luego vinieron rápidamente otras. En total, se construirían veintiuna misiones entre 1769 y 1823.

4
Fundación de la misión

Fray Junípero Serra fundó las primeras nueve misiones en Alta California. Después de su muerte en 1784, fue reemplazado por un nuevo presidente, fray Fermín Francisco de Lasuén, quien tendría a su cargo la responsabilidad de fundar La Purísima Concepción en 1787.

SELECCIÓN DE UN LUGAR

La Purísima Concepción se encontraba originalmente en una zona que los nativos llamaban *Algsacpi*. Los españoles la llamaron la *llanura del Río Santa Ros*a, un hermoso lugar rodeado de colinas ondulantes. Fray Lasuén escogió la llanura del Río Santa Rosa para construir una misión por su belleza y proximidad a una aldea *chumash*.

La Purísima Concepción fue inaugurada el 8 de diciembre de 1787. A su llegada, fray Lasuén hizo que construyeran un refugio provisional para que sirviera de iglesia. A continuación, celebró una misa, **esparció agua** bendita en el piso y declaró que ese era un lugar sagrado.

Fue en marzo de 1788 cuando los frailes permanentes llegaron a la misión. Estos fueron Vicente Fuster y José Arroita. Vicente Fuster había trabajado en otras misiones de Alta California antes de llegar a La Purísima Concepción, como San Diego de Alcalá, San Gabriel Arcángel y San Juan Capistrano.

Estaba familiarizado con las conversiones y cómo hablar a los nativos, lo que lo hizo valioso para el plan de la misión, que era **bautizarlos** como miembros de la fe cristiana. Un nativo que aceptaba el cristianismo y venía a vivir a la misión se llamaba *neófito*. Los **neófitos** ayudaron a construir muchas de las edificaciones de la misión mientras aprendían las costumbres españolas.

NEÓFITOS

Una de las primeras cosas que los frailes hicieron fue traducir al idioma *chumash* la ceremonia de la misa y un libro de enseñanzas católicas llamado *catecismo*. Se esperaba que con estas traducciones, los frailes tuvieran más éxito para convertir a los *chumash* al cristianismo. Sin embargo, los primeros años de la misión atrajeron a pocos conversos. Asustados por los españoles y sus extrañas costumbres y armas, algunos miembros de la tribu *chumash* huyeron a otras partes de California. Otros temían perder su propia cultura si se convertían en neófitos y decidieron mantenerse retirados de las misiones.

No obstante, los jóvenes y curiosos se veían atraídos por La Purísima Concepción. Les interesaban las técnicas que los frailes ofrecían enseñarles a cambio de oír sus ideas sobre Dios y ayudar a construir la

Antes de unirse a la misión, un neófito debía bautizarse en la fe cristiana, lo que no siempre era una tarea fácil para los frailes.

misión. Al poco tiempo, más neófitos se unieron y la población creció.

CONSTRUCCIÓN DE LA MISIÓN

Poco después de su llegada, los frailes y los soldados comenzaron a construir estructuras provisionales. La primera de ellas fue la iglesia, seguida de las habitaciones de los religiosos, las barracas para los soldados que vivirían allí, un granero, una cocina y una enfermería. Al igual que la mayoría de las misiones de California, todas las edificaciones de la Misión de La Purísima Concepción estaban dispuestas formando un **cuadrado** llamado *patio interior.* Esta forma permitía que la misión tuviese más probabilidades de estar protegida en caso de un ataque.

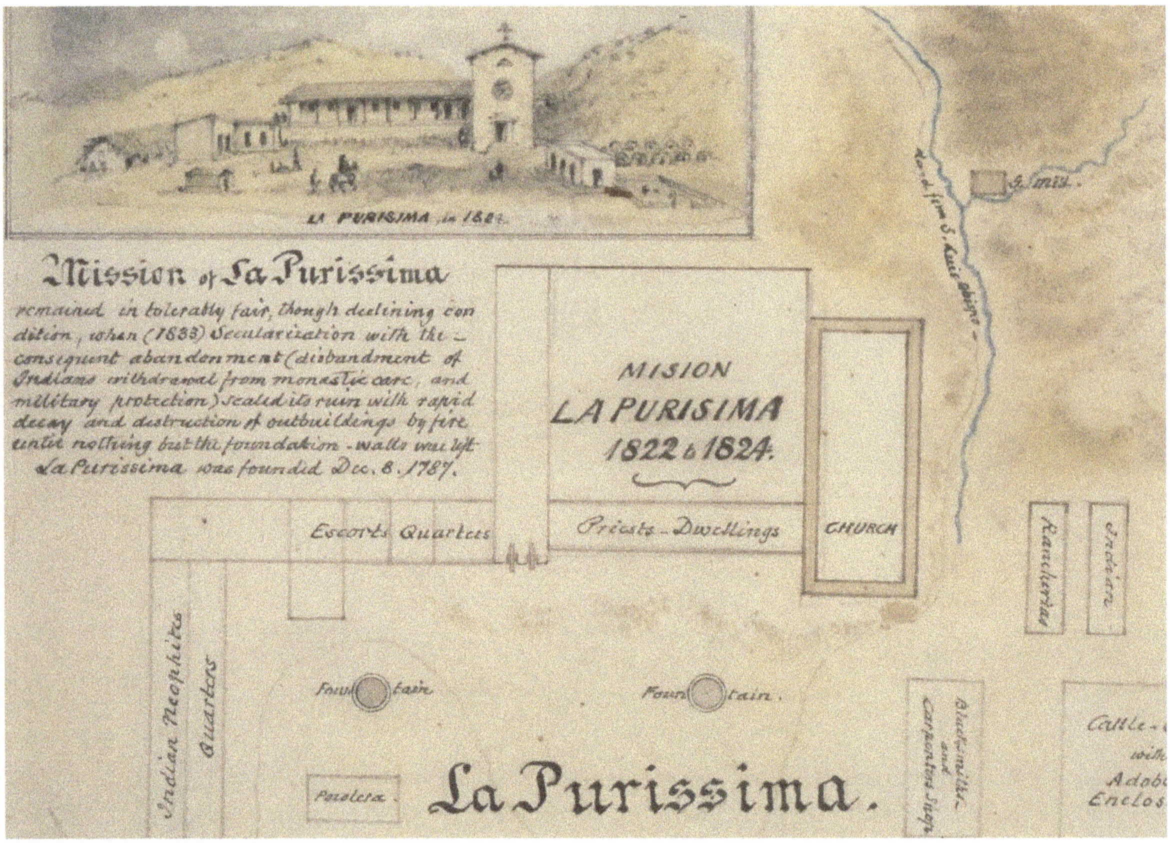

Este plano del terreno y boceto de la misión, que data de 1824, da una idea de cómo era la misión en ese momento.

Estas edificaciones provisionales se construyeron con materiales locales, como madera, ramas y brozas. Cuando los nativos se unían a la comunidad, les enseñaban a hacer ladrillos macizos de **abobe** para construir edificaciones permanentes que reemplazaban las provisionales. Para hacer adobe, los neófitos mezclaban lodo, paja y agua con sus pies descalzos. Luego, con sus manos le daban a la mezcla forma de ladrillos, que después cocerían al sol.

Las técnicas empleadas por los neófitos para hacer los ladrillos de adobe se siguen empleando en la actualidad.

CONSTRUCCIÓN DE LA IGLESIA DE LA MISIÓN

La primera iglesia de la Misión de La Purísima Concepción se construyó en 1789. Fue hecha con ladrillos de adobe y su techo era plano y estaba cubierto de paja. Los misioneros y neófitos usaron esta iglesia hasta 1798, cuando la población de la misión había llegado a 920 personas. La iglesia existente ya no era lo suficientemente grande para albergar a todos, así que los neófitos construyeron una nueva y mejor, según las instrucciones de los frailes.

LA VIDA EN LA MISIÓN

Aunque los primeros años en la Misión de La Purísima Concepción fueron muy fructíferos, la vida se hizo más difícil para los *chumash* que decidieron no unirse a la causa. Notaron sus antiguas costumbres trastocadas por los asentamientos españoles, pues se apoderaban de la tierra, el ganado destruía sus pozos de agua y las plantas de las cuales habían dependido para sobrevivir y personas de otros países cazaban ilegalmente las nutrias. Muchos de los nativos se sentían frustrados y, al quedar sin opciones, terminaban mudándose también a las misiones. En 1804, más de 1,520 neófitos vivían y trabajaban en la Misión de La Purísima Concepción.

Ese mismo año, llegó un nuevo fraile, fray Mariano Payeras, quien enseñó a los neófitos a ocuparse de los sembradíos de guisantes, frijoles, duraznos, aceitunas y maíz y a construir un sistema de **irrigación** que trajo agua a la misión. También incentivó a los neófitos a comerciar con los *pobladores* que venían a construir pueblos en las cercanías.

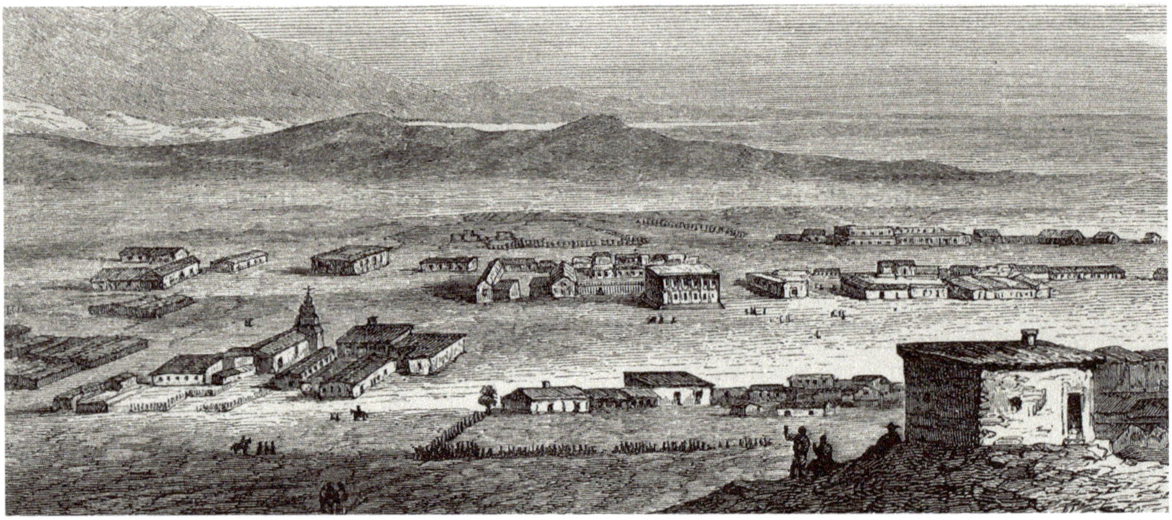

El pueblo de Los Ángeles fue uno de los principales centros de comercio para La Purísima Concepción.

5
Los primeros días en la Misión

Fray Payeras trajo mucho éxito a la Misión de La Purísima Concepción, pero no pudo evitar que surgieran problemas. En 1804, la azotó una epidemia de viruela. Los nativos no habían creado inmunidad contra las enfermedades europeas y, entre 1804 y 1807, murieron aproximadamente quinientos neófitos. Aterrados por lo que veían, otros comenzaron a marcharse, pero la enfermedad no fue la única razón para que los *chumash* huyeran.

La vida en la misión estaba reglamentada y fue difícil para muchos de los nativos seguir las reglas. A los neófitos no se les permitía practicar sus costumbres ni tradiciones *chumash* y, frecuentemente, eran obligados a permanecer dentro de La Purísima Concepción. Aquellos que atrapaban tratando de escapar eran castigados, a menudo, con azotes o latigazos.

TERREMOTOS

En 1812, varios desastres naturales golpearon lo que quedaba de la misión ya devastada. Muchos terremotos sacudieron California ese año; el peor ocurrió el 21 de diciembre a las diez y media de la mañana. La misión se sacudió durante cuatro minutos, y, cuando se detuvo, era evidente que las edificaciones habían sufrido, algunas de manera severa. Varias réplicas posteriores causaron aun más daños al trabajo que habían hecho los misioneros y neófitos. Después de los terremotos vinieron fuertes tormentas que produjeron una inundación inmensa que dejó la arcilla expuesta y arrasó estructuras completas.

Debido a los terremotos y a la inundación, solo quedaron algunas paredes que se alzaban del charco de lodo en la misión. Los neófitos pensaron que era un mal augurio y muchos de ellos se negaron a quedarse allí. Fray Payeras solicitó mudar la misión a un lugar nuevo, que quedaba a 4.5 millas (7.2 kilómetros) al noreste del sitio original.

UNA NUEVA UBICACIÓN

En cuanto recibieron el permiso de los funcionarios de Nueva España, los frailes, los soldados, los neófitos y otros miembros de la comunidad abandonaron lo que había quedado en los terrenos de la misión original y se dirigieron al norte, a un cañón llamado *La Cañada de los Berros*. Allí el suelo era muy rico y fértil. Había mucha agua, que provenía de manantiales cercanos, y los vientos nunca eran muy fuertes, ya que el área quedaba resguardada.

Aún puede observarse el primer lugar donde estaba la Misión de La Purísima Concepción, cerca de la ciudad de Lompoc, aunque sus edificaciones sean en su mayoría escombros.

CONSTRUCCIÓN DE LA NUEVA MISIÓN

Los frailes temían que ocurriera otro terremoto, de modo que se tomaron medidas especiales para construir la nueva Misión de La Purísima Concepción. La más significativa fue que las edificaciones nuevas se dispusieron en línea recta. Los frailes creían que este nuevo diseño permitiría que la gente pudiera escapar más fácil en caso

Se usaron algunos materiales de la misión anterior para construir la nueva.

de que ocurriera otro terremoto. La segunda Misión de La Purísima Concepción, en ocasiones llamada la *Misión Lineal,* fue la única de las veintiuna misiones de California que no fue construida según el estilo tradicional de patio interior.

A fin de que las nuevas edificaciones fueran más resistentes, los frailes ordenaron a los neófitos construir paredes con 1.2 metros de espesor y usar columnas de piedras para reforzarlas. También rescataron y reutilizaron materiales de la misión original y los incorporaron a la nueva.

EL COMPLEJO DE LA MISIÓN

La primera edificación que erigieron en el nuevo lugar fue una iglesia provisional que podía albergar a más de mil personas y que posteriormente fue reemplazada por una iglesia de ladrillos de adobe.

Cuando los neófitos terminaron la residencia principal en 1815, esta tenía habitaciones para los frailes, habitaciones de huéspedes, oficinas, una tienda, comedores y una pequeña iglesia, al lado de la cual se construyó un cementerio. Los registros históricos indican que allí se enterraron miles de personas. Se convirtió en el cementerio oficial de la iglesia en 1821.

EDIFICACIONES ADICIONALES DE LA MISIÓN

La misión tenía otras edificaciones importantes. Un molino, una máquina que molía maíz y trigo para hacer harina, se encontraba al norte de la iglesia. Era impulsado por un *burro,* que caminaba en círculo para hacer que la rueda del molino girara. Había también una cocina, donde se preparaban los alimentos, y salas para tejer, hacer jabón, realizar trabajos de herrería y otras labores.

Se construyó un enfriadero sobre un manantial, un poco más allá del taller de herrería, que fue muy importante en la Misión de La Purísima Concepción. Esta estructura de piedra era donde se filtraba el agua que venía de los manantiales cercanos. Después, el agua filtrada corría al subsuelo, hacia las áreas de la misión donde se necesitaba agua dulce, como era la fuente central. La misión también contaba con un tanque para almacenar agua.

VIVIENDA

Al igual que en la misión original, los frailes vivían en la residencia principal, mientras los neófitos lo hacían en una estructura grande de adobe cercana. Las casas de los neófitos se llamaban *rancherías*.

Las parejas casadas vivían en edificaciones grandes de apartamentos con dos habitaciones, donde podían criar a sus niños pequeños. Sin embargo, los frailes no querían que los neófitos enseñaran a sus hijos mayores las costumbres de los nativos, así que en cuanto alcanzaban suficiente edad, eran separados de sus padres. Las chicas de más de once años eran enviadas a vivir y a trabajar a los *monjeríos* con las otras mujeres solteras de la misión. Esta residencia quedaba trancada por las noches, cuando se iban a dormir. Los chicos eran enviados a dormir a los corredores de la misión con los otros hombres solteros.

6
La vida diaria en la misión

Después de que un nativo se hiciera cristiano y dedicara su vida a la Misión de La Purísima Concepción, tenía que seguir un horario estricto de oraciones, trabajo y descanso. Los frailes españoles creían que la disciplina era una parte importante para ser un buen cristiano, y todas las misiones seguían patrones similares todos los días.

HORARIO DE LA MISIÓN

En 1800, los frailes a cargo presentaban un informe que describía la vida diaria de la Misión de La Purísima Concepción, en donde indicaban que los neófitos no trabajaban más de cinco horas al día y que se les permitía algo de tiempo para salir de la misión y visitar su tribu. Sin embargo, los frailes que asumieron el control después de 1800 cambiaron este horario inicial con el pasar de los años e impusieron más horas de trabajo y más restricciones.

Un día típico en la Misión de La Purísima Concepción comenzaba al amanecer. Sonaba una campana para indicar que era la hora de levantarse, y todos se dirigían a la iglesia a orar. Después de orar, se servía el desayuno. Los hombres y las mujeres *chumash* se iban a trabajar y los niños se quedaban con los frailes para recibir educación religiosa.

Las mujeres se encargaban de hacer la comida para la comunidad. Aprendieron a preparar muchos platos españoles e incorporaron técnicas y herramientas que habían utilizado antes, como un mortero para moler los alimentos. También les enseñaron a hacer velas, jabón y ropa. Tejían en grandes telares, en vez de hacerlo completamente a mano, como lo habían hecho en sus aldeas nativas.

En lugar de cazar, como lo hicieran en el pasado, los hombres trabajaban en la misión poniendo en práctica nuevas técnicas, como la marroquinería, la silvicultura, la agricultura y la herrería, que les habían enseñado los frailes y otros expertos de Nueva España.

Todos los mediodías, los neófitos almorzaban, pero no comían las bellotas o plantas a las que estaban acostumbrados, sino estofado de vegetales o carne, llamado *pozole*, o una sopa de harina de maíz, llamada *atole*. Después del almuerzo, tenían un período de descanso denominado *siesta*, después de la cual todos trabajaban unas horas más hasta el atardecer, momento de las oraciones vespertinas y de la cena.

Las mujeres iban a dormir alrededor de las ocho de la tarde y los hombres aproximadamente a las nueve.

Esta placa en Sacramento es un reconocimiento de la fundación de la misión en 1787.

EL IDIOMA

De acuerdo con el informe de la misión de 1800, todos en la Misión de La Purísima Concepción fueron incentivados a aprender un tipo de español, llamado *castellano*. Este idioma, que nació en las regiones del norte y centro de España, aún se habla en la actualidad. Aunque los frailes enseñaban el idioma a los neófitos, muchos de ellos hablaban una combinación de castellano con palabras nativas.

CULTIVOS Y GANADO

Además de un nuevo idioma, a los neófitos de la Misión de La Purísima Concepción se les enseñó a sembrar cultivos como trigo, cebada, maíz y lentejas, los cuales eran muy importantes para el funcionamiento de la misión, por cuanto constituían su alimentación y otros productos que vendían a los pueblos, presidios y ranchos cercanos. Los neófitos también se ocupaban de los grandes viñedos y olivares de la misión, así como de hacer vino y aceite de oliva.

Los frailes y soldados enseñaron a los neófitos a construir un sistema de irrigación para regar los cultivos y suministrar agua para beber y ducharse a la población de la misión. Este sistema traía agua de los manantiales cercanos a través de una serie de tuberías hasta el enfriadero, que estaba en el terreno de la misión, donde se filtraba para su uso.

El ganado vacuno y caprino constituía para la comunidad una fuente de alimentos y materiales para hacer ropa de abrigo. En 1822, La Misión de La Purísima Concepción registró tener 23,746 animales, el número más grande de ganado de su existencia. Cada animal era herrado con la marca o diseño específico de la misión para identificarlo como su propiedad y facilitar el conteo.

Los neófitos y soldados eran los encargados de cuidar los animales. Mediante instrucciones meticulosas, los neófitos aprendieron a montar caballos pequeños y veloces y se convirtieron en *vaqueros* expertos.

La misión original (cuyas ruinas aparecen en la foto anterior) y la nueva tenían campos para que el ganado pastara y ricos suelos para cultivos.

Para mantener las manadas a salvo, los neófitos también aprendieron a manejar armas, como pistolas.

SEDE DE LA MISIÓN

En 1815, fray Payeras fue ascendido a presidente de la misión. En vez de mudarse a la sede de la misión anterior, San Carlos Borromeo del Río Carmelo, fray Payeras decidió quedarse en La Purísima Concepción. Fue el fraile con el período de servicio más largo en la misión y vivió y trabajó allí durante diecinueve años, hasta que murió en 1823. Fray Payeras fue enterrado debajo del altar de la iglesia y siempre será recordado por el papel especial que desempeñó en la historia de la misión.

7
Tiempos difíciles

A pesar de las nuevas oportunidades brindadas al pueblo *chumash* en la Misión de La Purísima Concepción, muchos eran infelices. A principios del siglo XIX, antes de que llegara fray Payeras, se decía que los frailes y soldados de la misión maltrataban severamente a los neófitos, lastimándolos y castigándolos. Este trato empeoró entre 1810 y 1821, cuando Nueva España y España estaban en guerra. Estos problemas condujeron a uno de los peores incidentes ocurridos en la historia de la Misión de La Purísima Concepción desde el terremoto de 1812.

TIEMPOS DE CAMBIO

En 1810, comenzó a gestarse un cambio político cuando los ciudadanos de Nueva España quisieron que el país se liberara del dominio de España. El Gobierno español había controlado las tierras durante siglos, pero no tenía intención de entregarlas a aquellas personas que lo desafiaran. De 1810 a 1821, la guerra por la independencia de Nueva España se apoderó del país.

El conflicto fue particularmente difícil para las misiones de Alta California, ya que antes España suministraba los recursos a los frailes para su subsistencia, lo que incluía una pequeña asignación para los curas, que provenía del Fondo de los Piadosos, una colecta de dinero de los fieles que se distribuía entre las misiones. Aquellos que apoyaban la independencia de Nueva España bloquearon las rutas de suministro para evitar que España enviara recursos a las misiones.

Los salarios de los soldados también eran pagados por el Gobierno español. Sin embargo, después de 1810, el dinero que correspondía a los soldados tuvo que destinarse a los esfuerzos de España para ganar dos guerras: el conflicto con Nueva España y una guerra con Francia. Este nuevo vuelco imprevisible de los acontecimientos enojó considerablemente a los soldados de la misión, quienes ya de por sí recibían un pago muy pequeño desde el inicio. Pronto, comenzaron a descargar esa rabia con los neófitos.

REACCIÓN EN CADENA

Mientras muchos frailes decidieron vivir en las misiones, los soldados lo hacían porque recibían órdenes del Gobierno español. Era su trabajo mantener el orden, defender la vida en las misiones y penalizar a aquellos que violaran sus normas. Algunos soldados se aprovecharon de los neófitos. Si el Gobierno no les enviaba sus salarios, podían tomar de los neófitos sus alimentos, ropa y otras pertenencias y, algunas veces, los azotaban injustamente. Todo esto aumentaba la tensión entre los *chumash* convertidos y los españoles.

En 1824, un neófito de la Misión de La Purísima Concepción visitó a un familiar que estaba en prisión en la Misión Santa Inés, a aproximadamente veinte millas. Durante la visita, un soldado de dicha misión lo fustigó, lo que causó un tumulto entre los neófitos de la Misión Santa Inés. Atacaron a los soldados, quemaron varias edificaciones y se hicieron con el control de dicha misión.

Rápidamente la noticia de la revuelta llegó a la Misión de La Purísima Concepción, donde los neófitos *chumash* inmediatamente se pusieron en contra de los soldados que allí habitaban.

LEVANTAMIENTO

Los neófitos se vengaron de los soldados por los tratos que estos les habían dado, pero no quisieron lastimar a los frailes. Tomaron las pistolas de los soldados, robaron sus caballos e informaron a los frailes de que podían irse. Dos de los frailes se fueron y uno decidió quedarse.

Algunos neófitos huyeron de la misión y se escondieron en las montañas cercanas, mientras que otros se quedaron y defendieron la misión, a la vez que vigilaban que no entrara nadie sin autorización. Cuatro viajeros mexicanos fueron asesinados por los neófitos cuando reinaba el pánico esa noche.

Los soldados de la misión se atrincheraron en sus dependencias y finalmente se rindieron. Los neófitos controlaron la Misión de La Purísima Concepción durante casi un mes y mantuvieron a los soldados como prisioneros.

El 16 de marzo de 1824, llegaron soldados mexicanos a reprimir el levantamiento y emprendieron un ataque; en una batalla de dos horas y media fueron asesinados dieciséis neófitos y un soldado. Después de rendirse, siete neófitos fueron ejecutados por haber asesinado a los viajeros mexicanos la primera noche de la rebelión. Otros doce fueron sentenciados a trabajos forzados en el presidio de Monterrey. Para evitar otra revuelta, los neófitos que quedaban en la Misión de La Purísima Concepción y que buscaban su libertad serían aún más reprimidos.

PERÍODO SUBSIGUIENTE

Algunos de los neófitos, que habían huido durante el disturbio, habían disfrutado su vida en la misión y se les permitió regresar después de la revuelta. Sin embargo, otros aún estaban insatisfechos con su situación y regresaron a la Misión de La Purísima Concepción solo porque no tenían lugar alguno adonde ir. En ese momento, muchas tradiciones *chumash* se habían perdido entre los neófitos. Era imposible para ellos recordar sus costumbres autóctonas o hallar un grupo nativo al cual unirse en caso de que se fueran de la misión, porque muchos grupos se habían mudado a otros lugares de California o habían sido absorbidos totalmente por el sistema de las misiones. Los neófitos que se habían ido solían trabajar en los pueblos o ranchos como vaqueros. Después de los levantamientos en la misión, algunas personas se fueron a buscar mejores vidas. Muchos se volvieron vaqueros en los ranchos cercanos.

Después de los levantamientos en la misión, algunas personas se fueron a buscar mejores vidas. Muchos se volvieron vaqueros en los ranchos cercanos.

A mediado del siglo XX, el idioma y las costumbres *chumash* se habían olvidado casi por completo. Solo en años recientes, algunos lingüistas, personas que hablan y estudian muchos idiomas, se han unido para estudiar al pueblo *chumash*. Aún se encuentran descendientes vivos en la actualidad, pero muchos no hablan el idioma de sus ancestros. Con la ayuda de estos lingüistas, el idioma *chumash* está reviviendo y se está enseñando en las aulas de clase de California.

8 Secularización

Después de once años de guerra civil con España, Nueva España, ahora llamada *México*, ganó su independencia en 1821, lo que trajo grandes cambios en el sistema de misiones de California.

DIVISIÓN DE LAS TIERRAS

El Gobierno mexicano sabía que la mayoría de las tierras ricas y fértiles de Alta California era propiedad de las misiones, por lo que quería quitar a la Iglesia católica el control de las mismas y dividirlas entre el Gobierno y las figuras militares, los pobladores y los nativos. Este proceso se llamó ***secularización***. Las misiones se convertirían en pueblos y ranchos para los pobladores y las únicas edificaciones religiosas que sobrevivirían fueron las iglesias, que eran dirigidas por los curas de México. Todos los frailes españoles y aquellos soldados leales a España tuvieron que irse.

En 1834, se puso en práctica este plan. Originalmente, se había decidido devolver la mayoría de las tierras a los nativos para que las convirtieran en granjas, pero esto no ocurrió. Muchos de los neófitos, que no conocían el proceso, fueron engañados por las autoridades mexicanas que querían las tierras para ellas.

PÉRDIDA DE LAS TIERRAS DE LA MISIÓN

La Misión de La Purísima Concepción fue secularizada en 1834. Seis meses más tarde, más de la mitad de las propiedades de la misión terminaron en manos de ciudadanos mexicanos.

Muchos de los antiguos neófitos notaron que no podían vivir de los pequeños terrenos que les habían dado. Las antiguas aldeas, que una vez habían pertenecido a los *chumash*, eran ahora el hogar de los pobladores mexicanos. Los *chumash*, al tener pocas opciones, buscaron trabajo en los asentamientos y ranchos o se fueron de la zona.

En 1845, la Iglesia católica perdió el control total sobre la misión, la cual se vendió en una subasta a un hombre llamado John Temple, quien no la cuidó. Aunque la Misión de La Purísima Concepción fue devuelta a la Iglesia católica en 1874, quedó en ruinas. En 1903, fue adquirida por la compañía Union Oil, la cual la entregó al Cuerpo Civil de Conservación; este tuvo una gran participación en la restauración de la misión para devolverle su antigua belleza.

Después de la secularización, muchos neófitos fueron obligados a salir de las misiones y se enfrentaron con aún mayores dificultades que las que habían experimentado mientras vivían allí.

La Misión de La Purísima Concepción ha sido restaurada y ofrece a los turistas mucho que ver y hacer. Hoy en día, es una iglesia activa, un museo y una atracción turística.

9
La misión vigente hoy

El Cuerpo Civil de Conservación (CCC) fue un organismo gubernamental que creó proyectos cívicos para brindar trabajo a los hombres desempleados durante la Gran Depresión. En la década de los años treinta, este organismo recibió un permiso para restaurar la Misión de La Purísima Concepción y hacerla un monumento histórico de honor. Se donó un total de 507 acres (207 hectáreas) de tierra para el proyecto de organizaciones como la Iglesia católica, la compañía Union Oil (dueña del complejo de la misión, incluyendo el lugar donde vivían los curas) y el estado de California. Este fue un proyecto histórico y arquitectónico, por lo que el CCC tuvo que estudiar las escrituras, las pinturas y los planos de la misión antes de comenzar a trabajar en su restauración.

RESTAURACIÓN DE LA MISIÓN

El trabajo de restauración comenzó en 1933. El CCC usó muchas de las técnicas que los nativos, soldados y frailes habían empleado para construir las estructuras originales. Secaron ladrillos de adobe al sol, siguieron el diseño original que tenía la misión después de 1812 y utilizaron herramientas similares a las que habrían empleado los neófitos. El 7 de diciembre de 1941, la Misión de La Purísima

Concepción fue oficialmente reconocida e inaugurada como un monumento histórico del Estado.

LA MISIÓN MODERNA

La reconstrucción de la actual Misión de La Purísima Concepción ha sido la más completa que se haya realizado a las veintiuna misiones de California. Diez de las edificaciones originales han sido restauradas y amuebladas para que luzcan como eran en 1820. Los trabajadores del proyecto sembraron en el jardín los mismos tipos de plantas que había en el siglo XIX, y la misión aún tiene el acueducto y el sistema de agua originales. Si la visitas hoy, verás los mismos tipos de animales que vivían en aquel entonces. No obstante, a diferencia de las iglesias de otras misiones, la de la Misión de La Purísima Concepción no está activa.

Muchos estudiantes y turistas visitan la Misión de La Purísima Concepción todos los años. En 1973, unos voluntarios formaron un grupo llamado *Prelado de los Tesoros*, quienes dirigen la misión y actúan como las personas que alguna vez vivieron allí. Puedes hacer velas con ellos, un recorrido por las inmediaciones y aprender a tejer en telares españoles.

El relato de la Misión de La Purísima Concepción, junto con el de las otras misiones, es una pieza fundamental en la historia de California. Aunque el sistema de misiones cambió la manera nativa de vivir de miles de indígenas, lo cual nunca debería olvidarse, también contribuyó a que California sea en la actualidad el centro pujante de la agricultura y el diseño español.

10

Haz una maqueta de la misión

Para hacer tu propia maqueta de la Misión de La Purísima Concepción, necesitas:

- lámina de cartón pluma
- pintura (verde, rosada)
- cúter (pide ayuda a un adulto)
- tijeras
- regla
- lápiz
- mondadientes
- cinta adhesiva
- cartón
- cola
- papel de construcción rojo
- imitación de pasto
- flores y árboles en miniatura

INSTRUCCIONES

Se sugiere la supervisión de un adulto.

Paso 1: Corta un trozo de cartón pluma de 30" × 20" (76.2 × 50.8 cm) para la base de tu maqueta. Pinta la base de verde y déjala secar.

Paso 2: Para hacer las paredes laterales del patio, corta dos trozos de cartón pluma que midan 16" × 2" (40.6 × 5.1 cm).

Paso 3: Para hacer la pared de fondo del patio, corta un trozo de cartón pluma que mida 5.5" × 2" (14 × 5.1 cm).

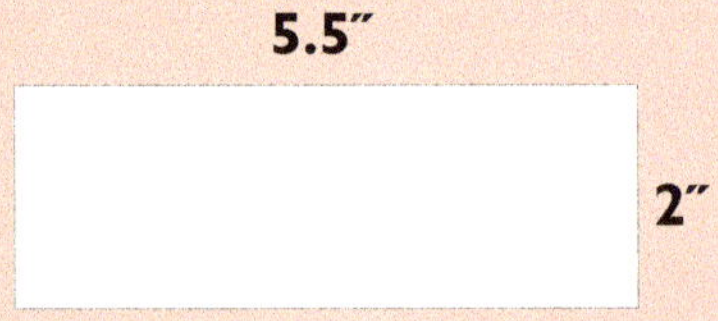

Paso 4: Para armar el patio, clava mondadientes en la parte inferior de las paredes y después en la lámina base de cartón pluma. Une con cinta adhesiva las esquinas de las paredes.

Paso 5: Para hacer las paredes de la iglesia, corta dos piezas de cartón pluma de 12" × 2.5" (30.5 × 6.4 cm).

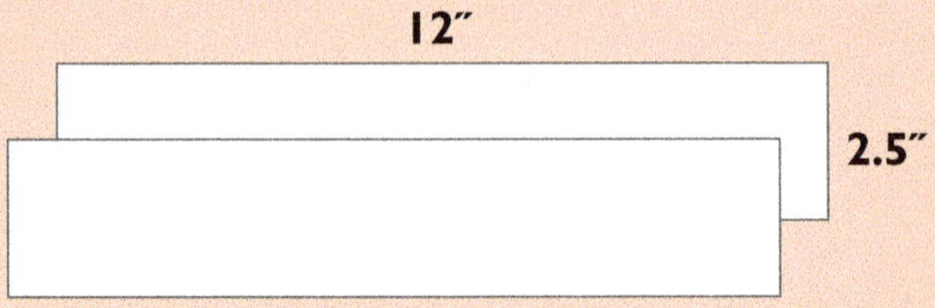

Paso 6: Corta dos piezas de cartón pluma con forma de casa que midan 5.5" × 4.5" (14 × 11.4 cm). La parte superior debería ser triangular, para que sea la pendiente del techo. El pico del techo ha de estar descentrado.

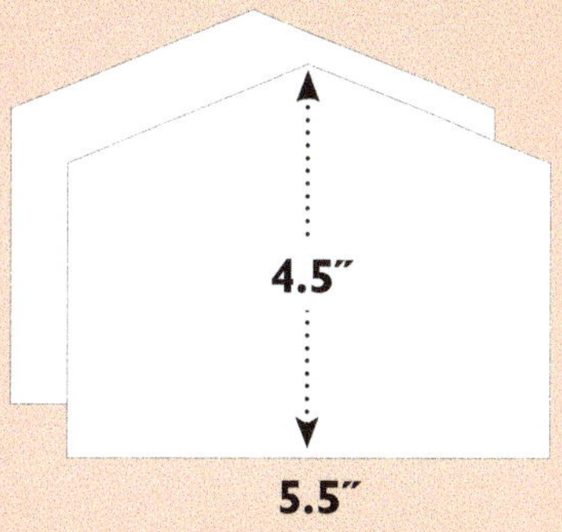

Paso 7: Coloca los mondadientes en la parte inferior de las paredes de la iglesia e insértalas en la base. Pega con cinta adhesiva las esquinas internas de la iglesia, para que permanezcan unidas.

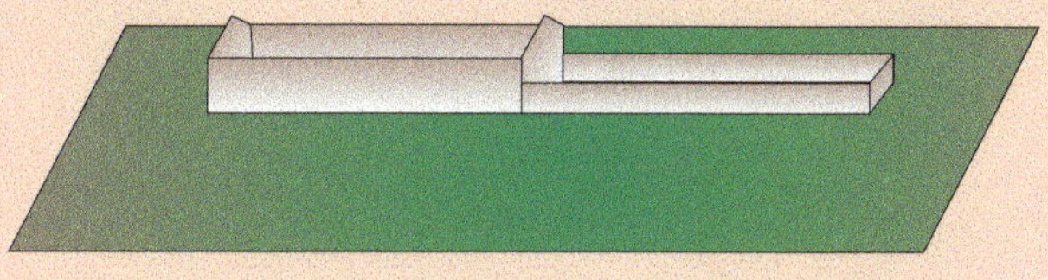

Paso 8: Haz la torre del campanario con un trozo de cartón pluma que mida 2.5" × 5.5" (6.4 × 14 cm).

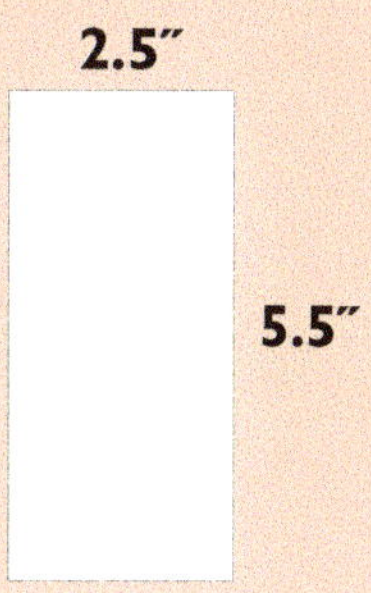

Paso 9: Corta tres ventanas tipo arco con un cúter. Corta la parte superior del campanario en forma de domo y, con mondadientes, clava el campanario en la base.

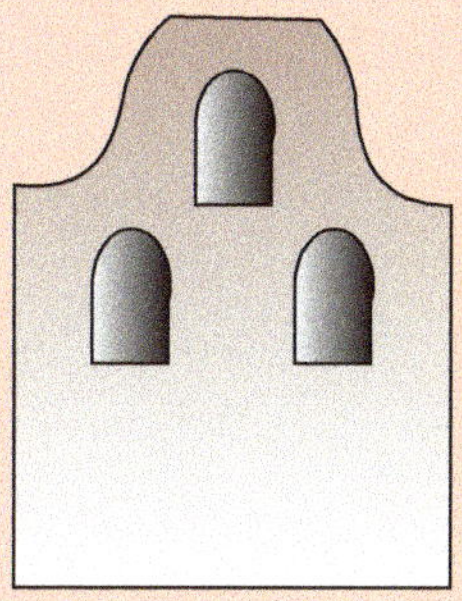

Paso 10: Pinta de rosado las paredes de la misión. Para hacer el techo de la iglesia, corta un trozo de cartón que mida 14" × 3" (35.6 × 7.6 cm). Corta otro trozo que mida 14" × 4.5" (35.6 × 11.4 cm).

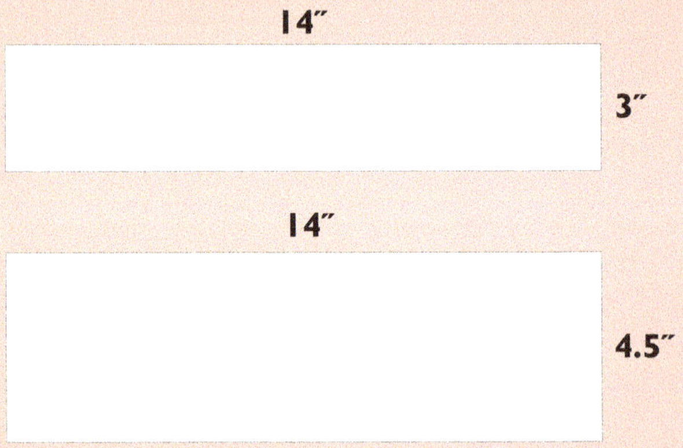

Paso 11: Pega los paneles de cartón en la parte superior de la iglesia. Déjalos secar.

Paso 12: Para hacer el techo de tejas rojas, pliega varias veces un trozo de papel de construcción rojo para que tenga un efecto de ondulación. Córtalo para que encaje en ambos lados del techo y pégalo a la parte superior de este.

Paso 13: Corta tiras muy angostas de papel de construcción rojo y pégalas en el tope de las paredes del patio.

Paso 14: Decora el suelo de la misión con la imitación de pasto y los árboles y flores en miniatura.

Maqueta completa de la Misión de La Purísima Concepción.

Fechas clave en la historia de las Misiones

1492	Cristóbal Colón llega a las Indias Occidentales
1542	Expedición de Cabrillo a California
1602	Sebastián Vizcaíno navega hacia California
1713	Nace fray Junípero Serra
1769	Fundación de San Diego de Alcalá
1770	Fundación de San Carlos Borromeo del Río Carmelo
1771	Fundación de San Antonio de Padua y San Gabriel Arcángel
1772	Fundación de San Luis Obispo de Tolosa
1775-76	Fundación de San Juan Capistrano
1776	Fundación de San Francisco de Asís
1776	Se firma la Declaración de Independencia

1777 Fundación de Santa Clara de Asís

1782 Fundación de San Buenaventura

1784 Muere fray Serra

1786 Fundación de Santa Bárbara

1787 Fundación de La Purísima Concepción

1791 Fundación de Santa Cruz y Nuestra Señora de la Soledad

1797 Fundación de San José, San Juan Bautista, San Miguel Arcángel y San Fernando Rey de España

1798 Fundación de San Luis Rey de Francia

1804 Fundación de Santa Inés

1817 Fundación de San Rafael Arcángel

1823 Fundación de San Francisco Solano

1833 México aprueba la Ley de Secularización

1848 Descubrimiento de yacimientos de oro en el norte de California

1850 California se convierte en el estado número treinta y uno

Glosario

adobe. Ladrillos hechos de paja y lodo, y algunas veces estiércol, que se secan al sol.

agua bendita. Agua que es bendecida por un cura católico y se usa en ceremonias religiosas.

bautizar. Realizar una ceremonia donde una persona es aceptada, o acepta, en la fe cristiana.

conquistador. Explorador español que conquistó tierras para España.

convertir. Cambiar las creencias religiosas.

franciscano. Miembro de una orden comunitaria católica romana de frailes, o hermanos, que seguían las enseñanzas y los ejemplos de San Francisco de Asís, quien trabajó mucho como misionero.

fraile. Hermano de una orden religiosa comunitaria. Los frailes también pueden ser curas.

indígenas Personas nativas nacidas en una región o ambiente particular.

irrigación. Sistema ideado para suministrar agua a una zona.

neófito. Nombre dado a un indígena bautizado en la fe cristiana.

Nuevo Mundo. Lo que los europeos en ese entonces llamaban al conjunto de América del Sur, América Central y América del Norte.

patio interior. Cuadrado en el centro de una misión que estaba rodeado por cuatro edificaciones.

secularización. Proceso mediante el cual las tierras de las misiones dejaron de ser de uso religioso.

tule. Cañas tejidas bien fuertes que usaban los *chumash* para ayudar a construir sus casas.

virrey. Gobernador de un lugar que dirigía como representante del rey.

Guía de pronunciación

atole (ah-TOH-lay)
El Camino Real (EL kah-MEE-noh Ray-Al)
fray (FRAY)
monjerío (mohn-hay-REE-oh)
pozole (poh-SOH-lay)
pueblos (PWAY-blohz)
siesta (see-EHS-tah)
temescal (TEH-mes-cal)
tomol (TOH-mul)

Para mayor información

Para mayor información sobre la Misión de La Purísima Concepción y las misiones de California, puedes consultar los siguientes libros y páginas web:

LIBROS

Bibby, Brian. *The Fine Art of California Indian Basketry.* Berkeley, CA: Heydey, 2013.

Hicks, Terry Allan. *First Americans: The Chumash.* New York, NY: Cavendish Square, 2008.

Padelsky, Londie. *California Missions.* Ketchum, ID: Stoecklein Publishing, 2006.

Rosinsky, Natalie M. *California Ranchos.* Capstone: Edina, MN, 2006.

Weber, Matt. *California's Missions A to Z.* San Francisco, CA: 121 Publications, 2010.

SITIOS DE INTERNET

California Mission Foundation

www.californiamissionfoundation.org

Esta página web presenta hechos históricos de las misiones, así como información actual sobre la organización que preserva y protege las misiones en la actualidad.

California Missions Resource Center

www.missionscalifornia.com

En ella se ofrece una cantidad importante de recursos sobre las misiones de California.

Chumash Nation Website

www.chumashindian.com

Esta página web esboza una breve historia de la nación *chumash*.

La Purísima Mission

www.lapurisimamission.org

Web oficial del monumento histórico de la misión en la actualidad.

Website for the Santa Inez Band of Indians

www.santaynezchumash.org/culture.html

Esta página web brinda información sobre la historia del pueblo *chumash*.

Índice

Los números de página en **negrita** son ilustraciones.